This Book Belongs to:

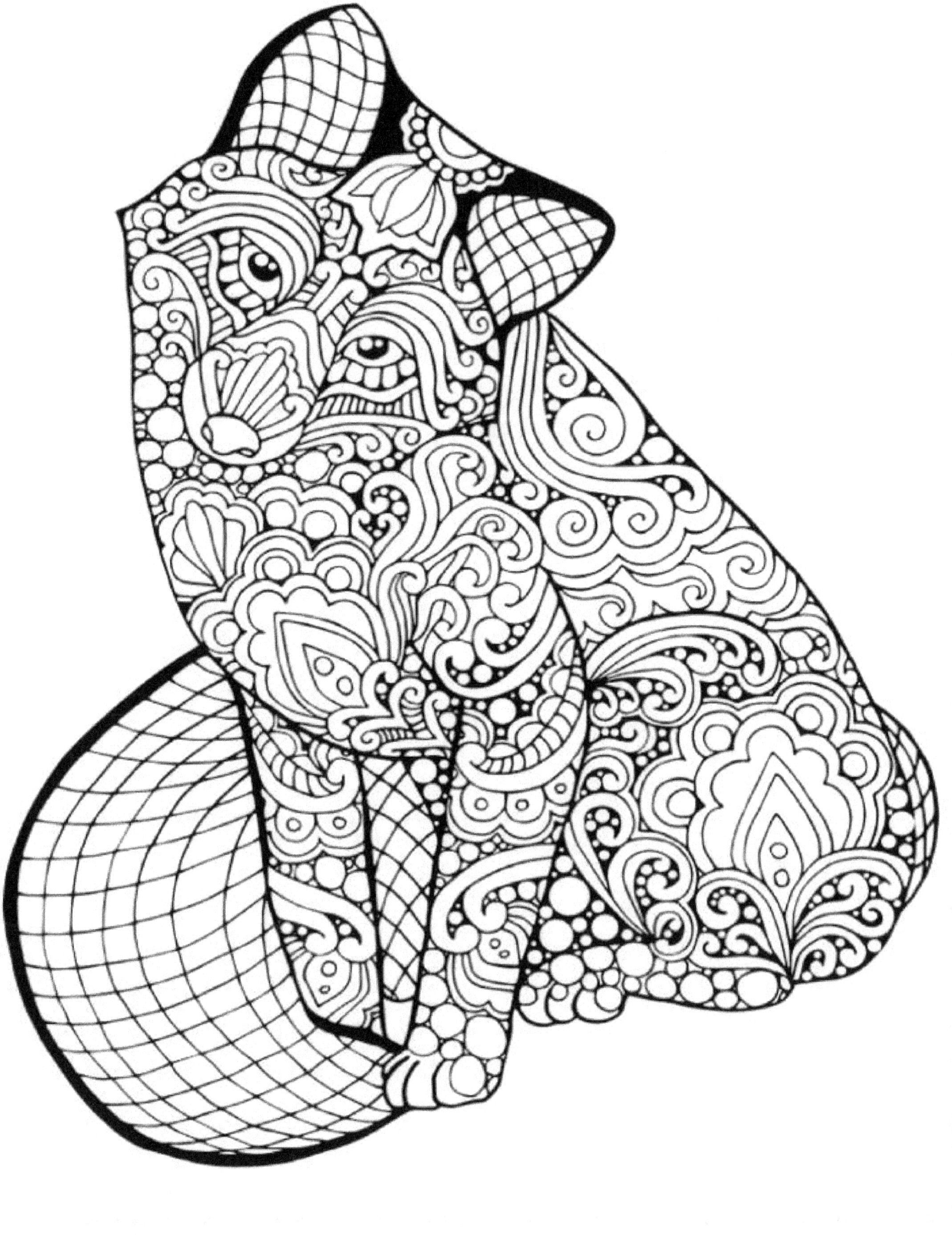

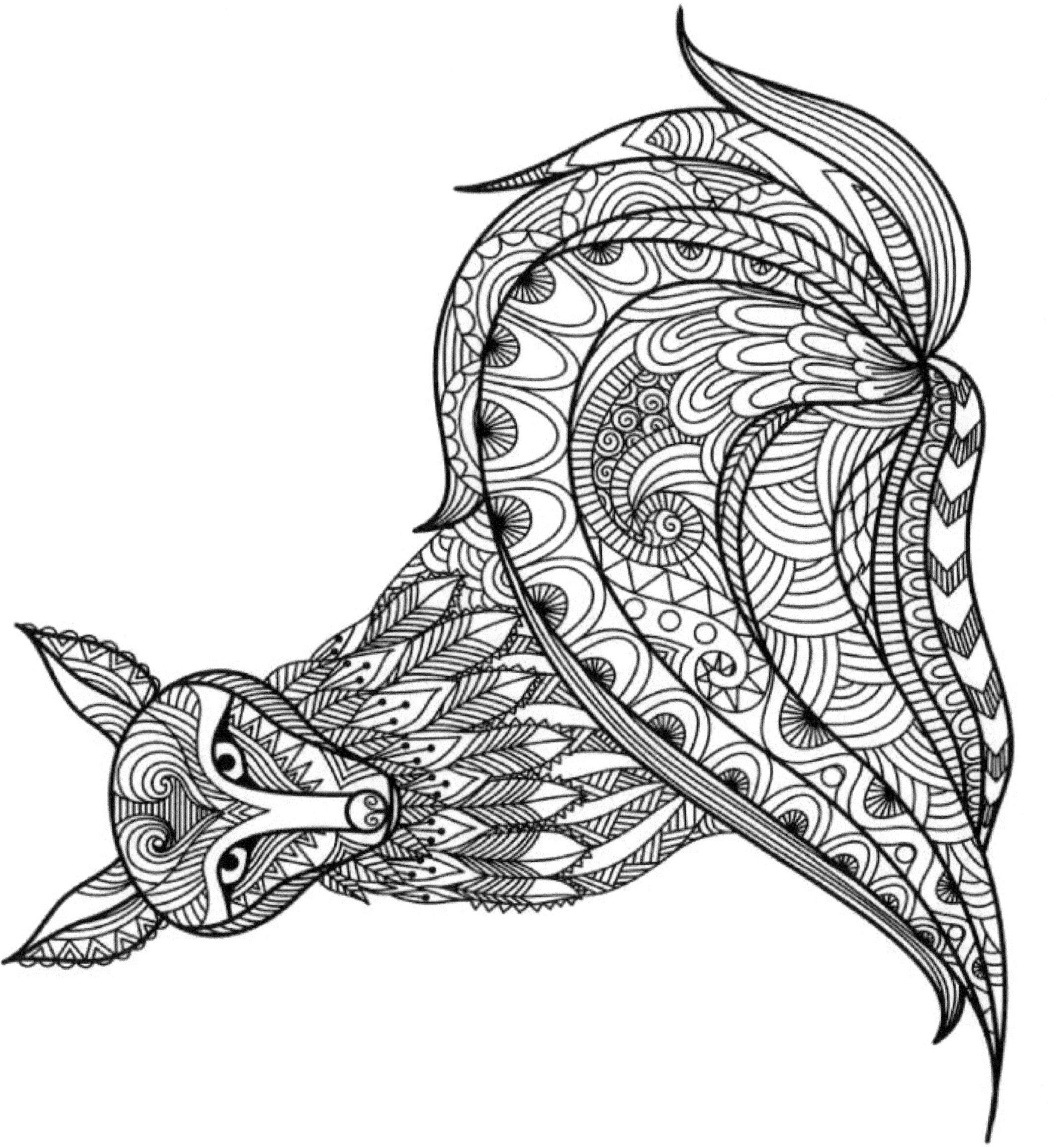

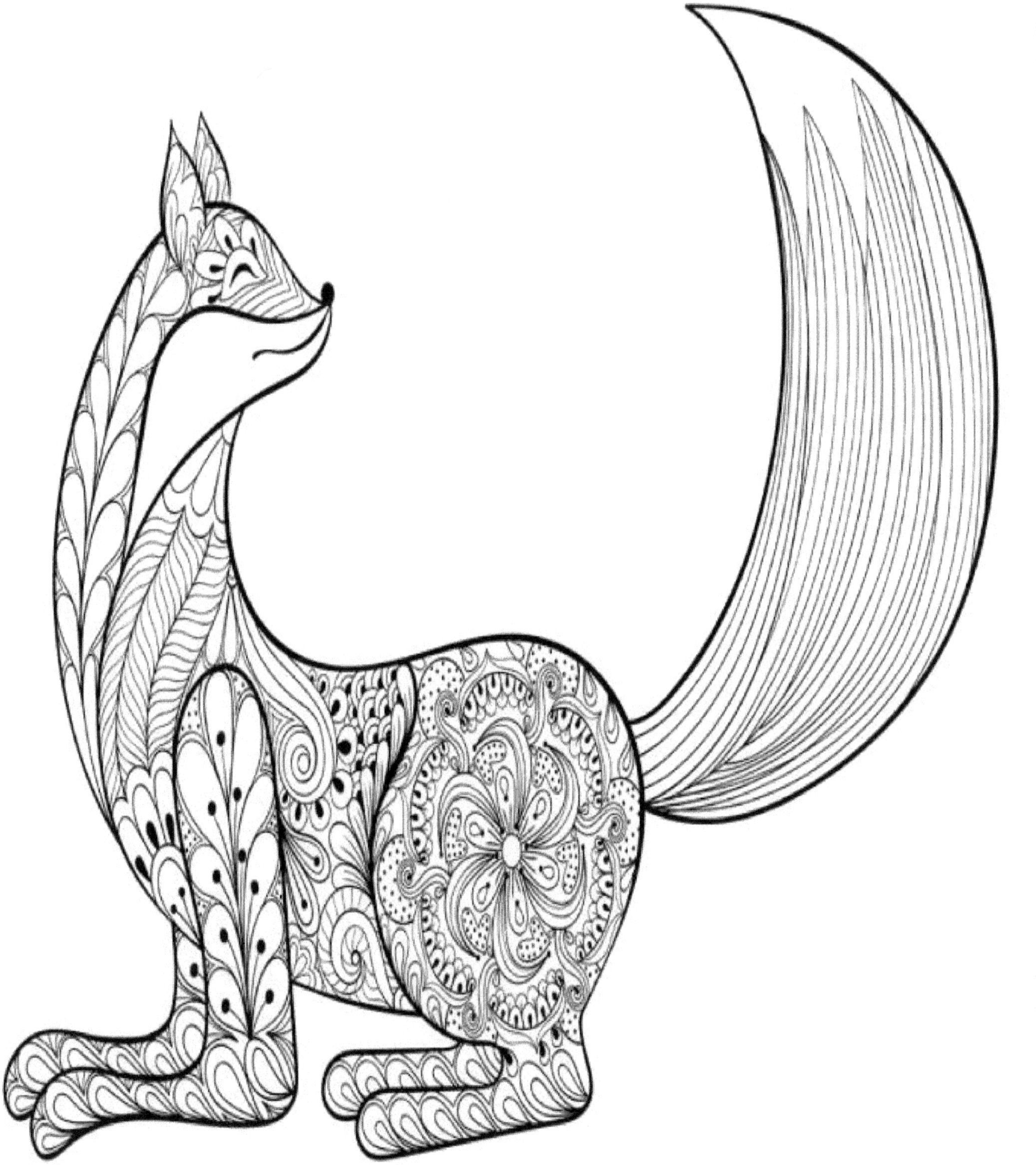

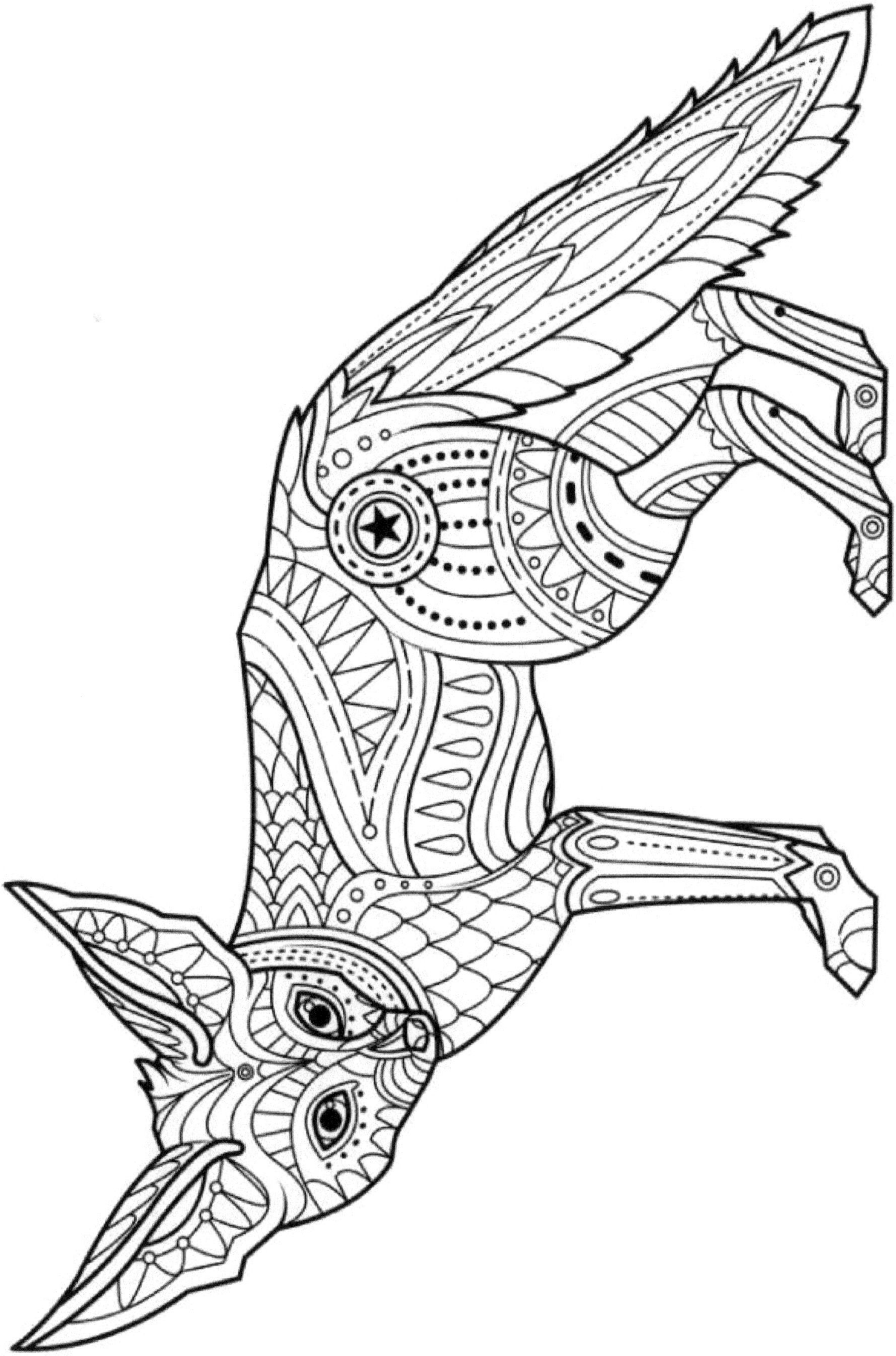

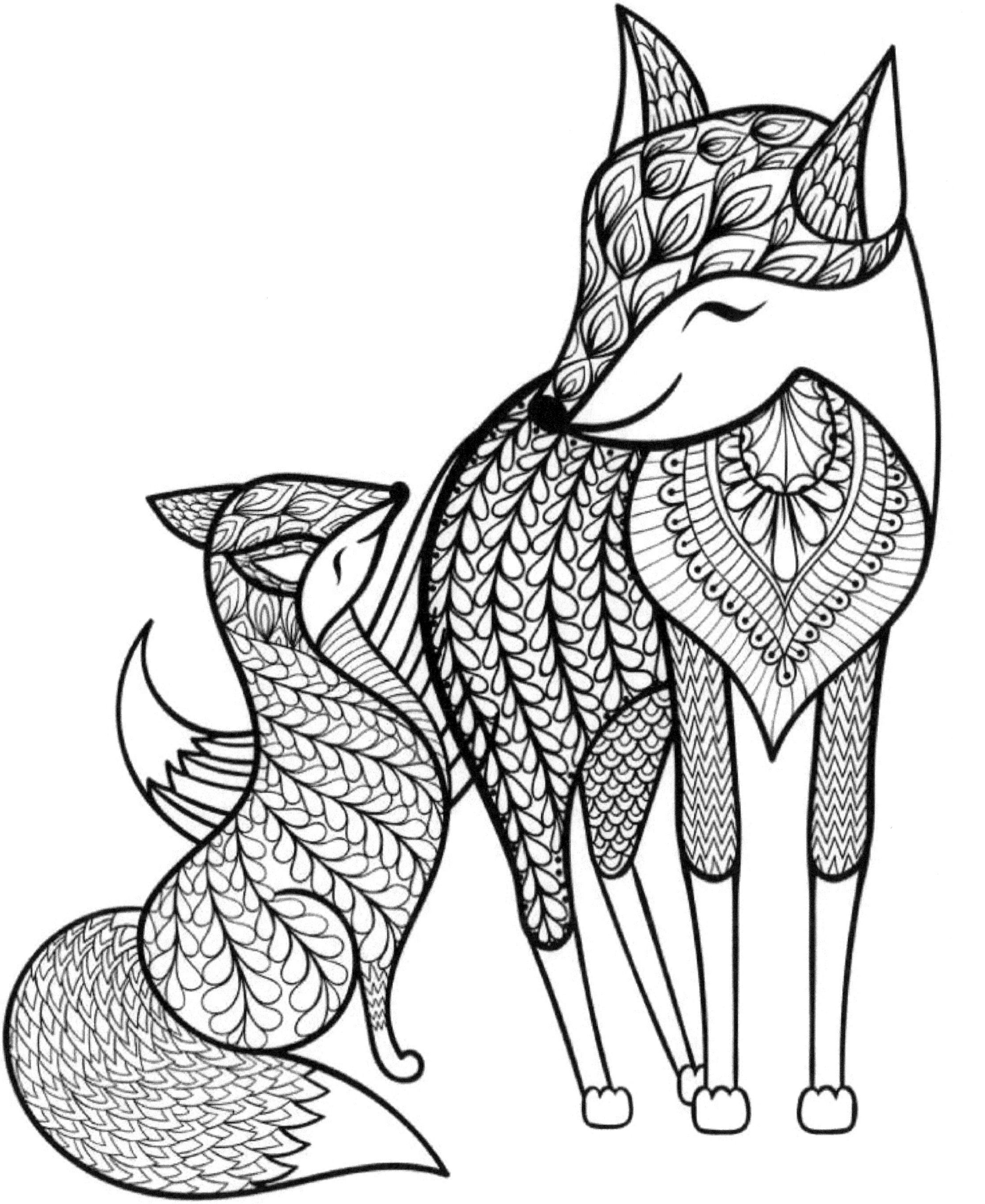

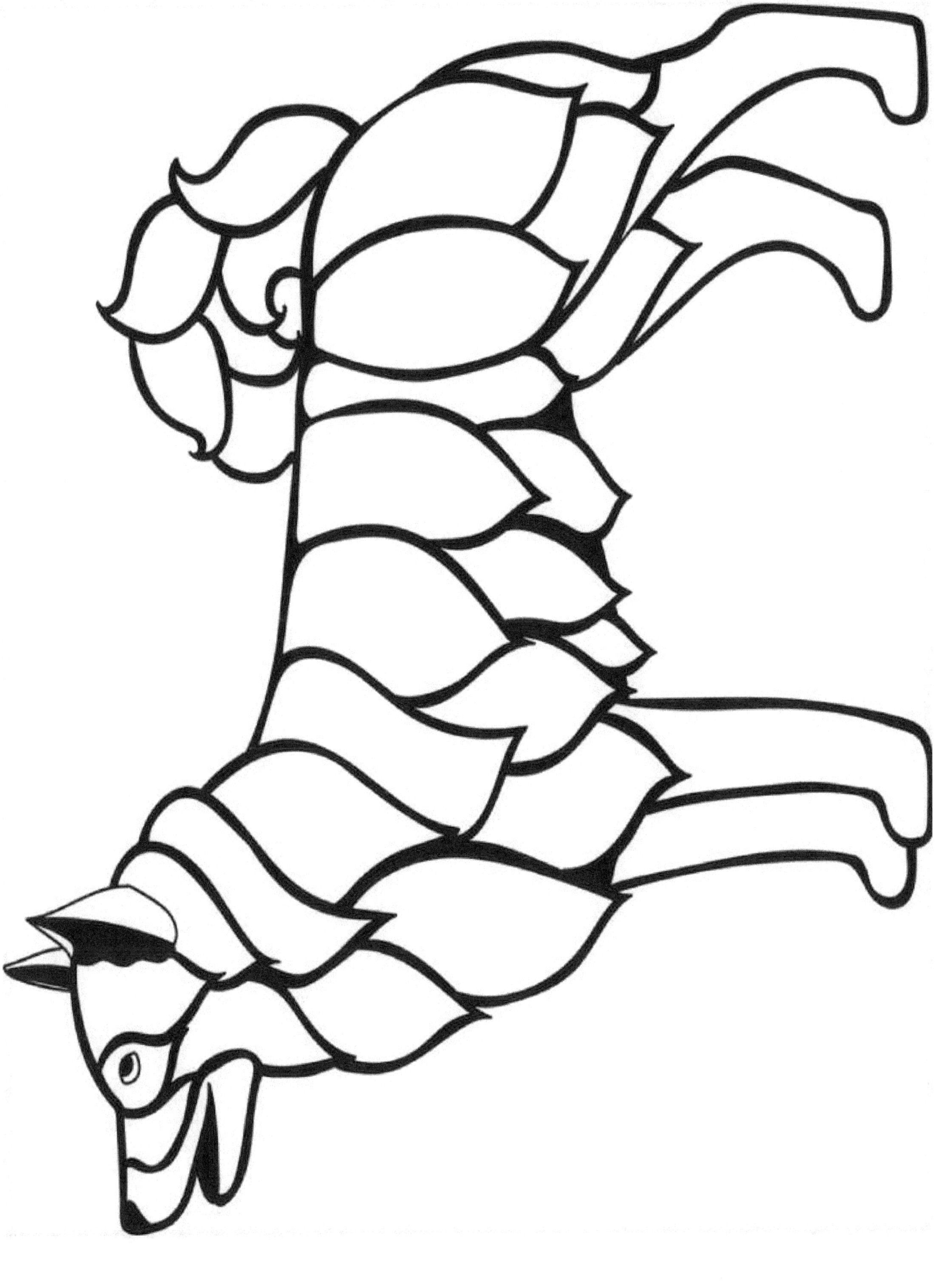

www.ingramcontent.com/pod-product-compliance
Lightning Source LLC
LaVergne TN
LVHW082229020125
800430LV00038B/1399
* 9 7 9 8 5 5 5 1 2 6 1 3 9 *